100 Gründe,

warum Fahrradfahrer glücklicher sind

1

Weil Radfahrer*innen ein gutes Herz haben.

Fahrradfahren ist ein besonders schonendes Ausdauertraining und macht fit, egal, ob auf dem „normalen" Fahrrad, Mountainbike, E-Bike oder Fahrrad-Ergometer: Es trainiert nach Angaben der Deutschen Herzstiftung das Herz und die Lunge, verbessert die Ausdauer und kräftigt die Po- und Beinmuskulatur. Zugleich schont es die Knie- und Hüftgelenke, da das meiste Körpergewicht auf dem Sattel lastet.

Weil alles, was du mit Liebe tust, Spuren hinterlässt.

3

Weil du als Fahrradfahrer*in einfach auf Draht bist ...

... und immer auf Achse.

Fahrradfahren hält fit und mobil – und das in jedem Alter! Bereits 30 Minuten stärken dein Herz-Kreislaufsystem und lassen dich besser schlafen. Schon 10 Minuten strampeln verbrennen etwa 97 Kalorien. Dabei werden deine Gelenke geschont. Eine längere Fahrradtour ist ideal zum Entspannen und gut für den Stressabbau. Außerdem ist Fahrradfahren umweltfreundlich und sozial. Kein Wunder also, dass es sich zum absoluten Lieblingssport der Deutschen gemausert hat.

5

Weil das ganze Leben eine Reise ist ...

... und der Weg das Ziel.

7

Weil du
einmal klein
angefangen
hast ...

... und es Liebe auf den **ersten Tritt** war.

Weil das Leben weniger Bundesstraße und mehr Bullerbü ist.

Wer von gut ausgebauten und sicheren Rad-wegnetzen träumt, der wird hier fündig: Kopen-hagen ist eine der fahrradfreundlichsten Städte weltweit. Seit einigen Jahren rollen nun schon mehr Fahrräder durch die dänische Hauptstadt als Autos.

**Weil du
einfach einen Gang
runterschalten
kannst …**

… oder hoch.

12

Weil du jeden Stau umfährst.

Weil du schon längst Feierabend machst, während andere im Feierabendverkehr feststecken.

Weil du sie alle überholst ...

... und dabei noch die sprichwörtlichen Blumen am Wegesrand entdeckst.

16

Weil du
ein gutes Gewissen
hast.

Nicht nur Fahrräder, auch E-Bikes sind auf
dem Vormarsch. Vor allem auf innerstädtischen
Kurzstrecken haben die elektrischen Räder
die Nase vorn: Mit ihnen ist man in aller Regel
schneller am Ziel als mit dem Auto. Dabei scho-
nen sie noch die Umwelt.

**Weil du
mit dem Fahrrad
emissions- und
sorgenfrei
unterwegs bist.**

18

Weil
kein Berg zu hoch ist
und kein Tal zu tief.

Weil es immer noch eine Steig(er)ung gibt.

Weil bei keiner anderen Erfindung das Nützliche mit dem Angenehmen so innig verbunden ist, wie beim Fahrrad, attestierte Adam Opel.

Radfahren macht nicht nur Spaß, obendrein ist es auch noch die effektivste Art der Fortbewegung, denn das Fahrrad hat einen unschlagbar niedrigen Energieverbrauch. Für die gleiche Strecke benötigt ein Fahrrad gerade mal ein Hundertstel dessen, was einem Auto an Energie zugeführt werden muss. Und es fallen keine Abgase an. Kein Wunder also, dass im 19. Jahrhundert der Siegeszug des Fahrrads unaufhaltsam anrollte.

Weil Radfahren wie Urlaub ist.

Als Fahrradfahrer*in hast du einfach ein großartiges Profil.

Du kommst ganz schön in Fahrt und kriegst immer die Kurve.

Weil man beim Radfahren ein Land am besten
kennenlernt, indem man dessen Hügel empor
schwitzt und sie dann wieder hinuntersaust,
fand schon Ernest Hemingway.

Weil Leben Bewegung ist und du die besten Aussichten hast.

25

Weil Fahrradfahren verbindet.

Weil die Welt weniger Prinzen mit Pferd braucht, sondern mehr Kavaliere mit Rad.

28

Aufsatteln.
Losradeln.
Abschalten.

Wer seinen eigenen Weg geht, dem wachsen Flügel, besagt eine alte Zen-Weisheit. – Jetzt stell dir vor, du radelst!

30

Zu tun, was du magst, ist Freiheit. Zu lieben, was du tust, ist Glück.

Weil weniger mehr ist.

Um ein Fahrrad herzustellen werden gerade mal 5 % der Ressourcen benötigt, die es für die Herstellung eines Autos braucht. Außerdem werden für die Herstellung eines Fahrrads etwa 5.000 Liter Wasser benötigt, für die eines Autos fallen dagegen 400.000 Liter Wasser an.

Weil du die Welt ein bisschen sicherer machst.

Je mehr Menschen in die Pedale treten, desto sicherer würde der Straßenverkehr. Wären doppelt so viele Leute mit dem Fahrrad unterwegs, würde das Unfallrisiko um 37 Prozent gesenkt.

Jedes Mal, wenn ich einen Erwachsenen auf einem Fahrrad sehe, zweifle ich nicht länger an der Zukunft der Menschheit, schrieb H. G. Wells, der Pionier der Science-Fiction-Literatur.

Weil du alles im Griff hast ...

... und bei dir alles im grünen Bereich ist.

Smog, Feinstaub & Co.? Nicht mit dir! Wer sein Auto stehen lässt und täglich mit dem Fahrrad pendelt, schont die Umwelt: 3,2 Kilogramm CO_2 würden so Tag für Tag vermieden.

36

Weil deine Augen beim Fahren leuchten.

Weil du nur eine Fahrradfahrt von der guten Laune
entfernt bist, weiß die britische Fahrradfahrerin
Sarah Bentley.

38

Lieber
mit dem Fahrrad
zum Strand,
als mit dem Mercedes
zur Arbeit ...

40

Weil es bei dir
rund läuft ...

... und dich nichts so leicht ausbremst.

Die Technik deines Fahrrads ist simpel und dein Fahrrad verfügt – anders als das Auto – über keinen Bordcomputer. Mit ein bisschen Übung und etwas Anleitung kannst du es sogar selbst reparieren. Als Fahrradfahrer*in bleibst du weitgehend unabhängig von irgendwelchen Herstellern.

Weil du auch mal alles stehen und liegen lassen kannst.

Weil du dir eine
Pause verdient hast.

43

44

Weil du
die Sonne einfängst.

**Weil du
Rückenwind
hast.**

Nichts ist vergleichbar mit dem einfachen Vergnügen einer Radtour, fand schon John F. Kennedy.

23.0
4.20

**Weil es bei dir
so schön aufwärts
geht.**

48

Das größte Vergnügen im Leben besteht darin, das zu tun, von dem die Leute sagen, du könntest es nicht, sagte Walter Bagehot, der britische Volkswirt und Journalist.

**Manche Grenzen
kennst du erst,
wenn du über sie
hinausgewachsen
bist.**

**Freiheit
beginnt dort,
wo du losradelst.**

Alles, was wir tun und uns erträumen können, können wir beginnen, wusste schon Goethe.

52

Wer den Tag mit Radfahren beginnt, hat ihn bereits gewonnen.

Weil das perfekte Outfit mit einem Lächeln im Gesicht beginnt.

54

Weil auch die holprigsten Straßen zu den schönsten Plätzen führen können.

Weil es viele Wege
zum Glück gibt –
und einer davon
Fahrradfahren ist.

Weil das Leben bezaubernd ist. Man muss es nur durch die richtige Brille sehen, schrieb Alexandre Dumas. Am besten durch die Fahrradbrille.

Weil jede Menge Abenteuer auf dich warten.

58

Weil ein bisschen „Saus und Braus" zum Leben gehören.

Weil der Fahrtwind einfach deine Sorgen wegpustet ...

59

60

... und du dem Alltag davonfährst.

Weil Fahrradfahren wie **meditieren** ist.

Weil dein Karma
es dir dankt.

Statistisch gesehen ist alle zwei Minuten ein Auto in einen Wildtierunfall verwickelt. Fahrradfahren rettet also Leben.

63

Weil es als Fahrradfahrer keine Wartezeiten gibt.

Weil du
lieber
spontan
bleibst.

JUST
MARRIED

65

Weil dein Fahrrad alles Mögliche trägt.

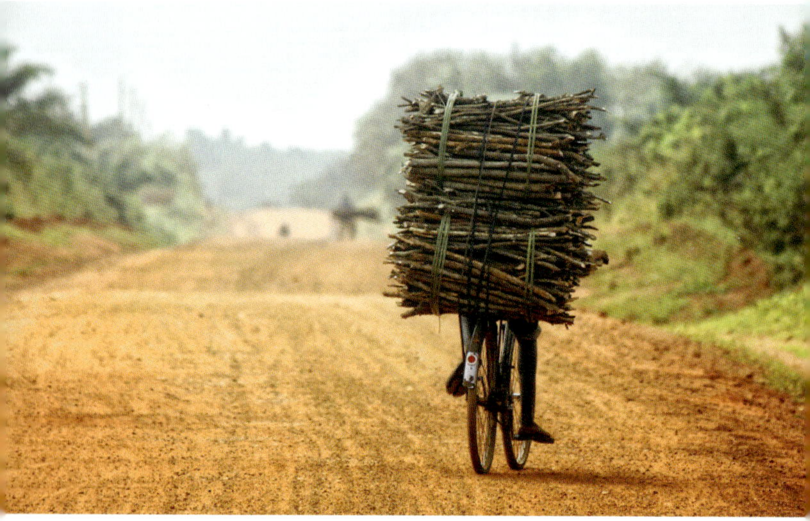

66

Weil dein Fahrrad alles (er)trägt.

Weil du dein Fahrrad (notfalls) auf den Arm nehmen kannst. (Versuch das mal mit einem Auto!)

Weil dich Radfahren (fast) nichts kostet.

Dein Fahrrad kostet dich keine Steuern, es fallen keine Ausgaben für Versicherung, TÜV oder Benzin an. Auch Bus- oder Zugtickets kannst du dir meist sparen und gelegentliche Reparaturen sind bezahlbar. Außerdem sparst du dir den Mitgliedsbeitrag für ein Fitnessstudio.

Weil du fürs Radfahren noch **bezahlt** wirst.

Mitunter erhältst du Boni, die von Krankenkassen und Arbeitgeber unterstützt werden, wenn du aufs Fahrrad umsteigst. Wer in ein E-Bike investiert, erhält eventuell sogar Zuschüsse. Einfach bei Stadt oder Kommune nachfragen und einen Antrag stellen.

70

Weil du immer einen Parkplatz findest.

71

Weil dein Fahrrad immer auf dich wartet.

72

Weil Radfahren einfach *allen* Spaß macht.

Weil Radfahren den besten Soundtrack hat.

Ob „Bicycle Race" (Queen), „My white Bicycle"
(Nazareth), „Fahrrad fahr'n" (Max Raabe),
„Bicycle Song" (Red Hot Chilli Peppers), „Nine
Million Bicylces" (Katie Melua), „Mein Fahrrad"
(Die Prinzen) oder „Ja, mir san mitm Radl da":
Es gibt unzählige wundervolle Loblieder aufs
Radfahren.

Weil man beim Fahrradfahren prima vor sich hinsingen kann.

75

Weil du Gas im Leben gibst ...

... und durchstartest.

Das Glück im Leben besteht nicht darin, wenig oder keine Schwierigkeiten zu haben, sondern sie alle siegreich zu überwinden, wusste schon Carl Hilty.

78

Weil stark sein nicht bedeutet, immer zu siegen, sondern es immer wieder zu versuchen.

Weil du dich
leicht fühlst ...

... und unbeschwert.

80

81

Weil du neue Kraft tanken kannst.

Weil dir beim Fahrradfahren die besten Ideen zufliegen.
(Das ist mir beim Fahrradfahren eingefallen, verriet schon
Albert Einstein.)

Weil Radfahren jung hält ...

Beim Fahrradfahren werden Drüsen angeregt, die wichtige Altersschutzstoffe wie Wachstumshormone ausschütten. Durch regelmäßige Bewegung können wir unsere biologische Uhr entschleunigen.

... und das Denkvermögen ankurbelt.

Fahrradfahren bringt auch unser Gehirn auf Touren – mit Hilfe von Sauerstoff. Wenn wir uns bewegen, wird unser Gehirn bis zu 100 Prozent mehr damit versorgt. Das Hormon ACTH, das sogenannte Kreativitätshormon, wird ausgeschüttet. Dieses verbessert unser Konzentrationsvermögen und unsere Denkleistung.

85

Weil du lächelst, wenn du zurückblickst …

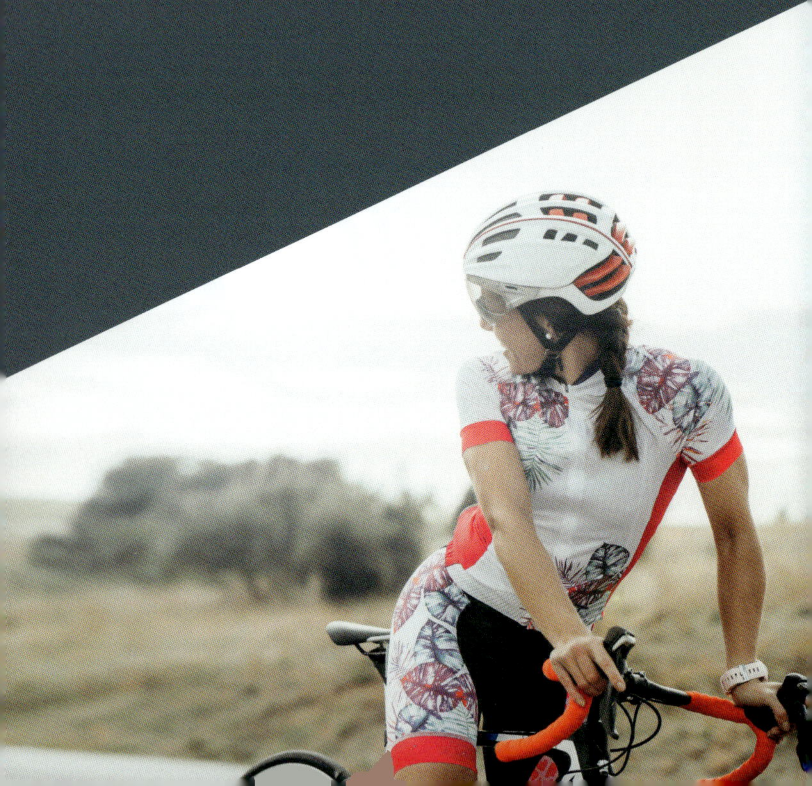

... und zuversichtlich nach vorne schaust.

Wind im Haar. Sonne im Gesicht. Freiheit voraus. So fühlt sich Glück an.

Weil du **weiterkommst,** wo andere stehen bleiben.

Weil Fortschritt
nicht laut sein muss.

Lärm kann Umwelt und Gesundheit stark
beeinträchtigen. Bis etwa 55 Dezibel liegt
ein verträglicher Geräuschpegel. Bei einer
Geschwindigkeit von 50 Stundenkilometern
erreicht jedoch ein durchschnittlicher Pkw
bereits einen Wert um 70 Dezibel. Radfahren
ist dagegen geräuscharm.

Leise zieht
durch mein Gemüt
liebliches Geläute,
schwärmte schon
Heinrich Heine.

Weil Radfahrer Pioniere und Visionäre sind.

Im 19. Jahrhundert verlieh das Fahrrad den Menschen aller Gesellschaftsschichten Flügel: Bis dahin konnten sich nur Wenige teure Fortbewegungsmittel wie Pferde und Kutschen leisten, nun war der „Volksgaul", wie das Fahrrad im Englischen auch genannt wurde, für nahezu jedermann erschwinglich und mobilisierte die Massen. Immer leichter und schneller wurde das Fahrrad im Laufe der Zeit und stetig wird das Rad neu erfunden. Wir dürfen gespannt in die Zukunft sehen ...

Weil man das
Rad immer wieder
neu erfinden
kann.

93

Weil du
eine Stadt mit dem Fahrrad
ganz neu entdeckst.

**Weil
Radfahren mehr als nur
eine Trendsportart ist.**

**Weil Radfahren
gar kein Hobby, sondern
ein Lebensgefühl ist.**

Weil Fahrradfahren revolutioniert.

Im 19. Jahrhundert wurde das Fahrrad zum Symbol der Emanzipation der Frau und brachte sie mit ins Rollen. Fortschrittlich, unabhängig, fordernd und selbstbewusst schwangen sich Frauen auf ihr Rad. Auch heute noch ist das Fahrrad Symbol ihrer Revolution. Wie zum Beispiel für viele Frauen im Sudan. Dort haben Ende 2018 Frauen als treibende Kraft friedlich gegen das alte Regime protestiert und einen Neuanfang gefordert. Dass hier heute Frauen Fahrradfahren oder Fußballspielen dürfen, ist maßgeblich ihr Verdienst.

97

Weil du Freiräume achtest …

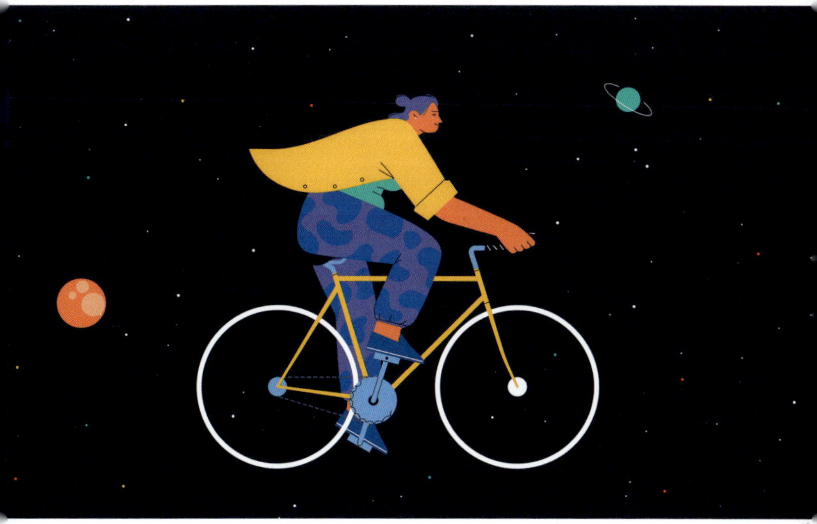

98

… und dich nicht gleich so breit machst.

Weil es egal ist, ob es regnet oder die
Sonne scheint oder was auch immer:
Solange ich Fahrrad fahre, weiß ich,
dass ich der glücklichste Mensch der
Welt bin, bestätigt (auch)
Mark Cavendish, der britische Radprofi.

Weil, egal wie die Frage lautet, Fahrradfahren die Antwort ist.

Wen einmal das Fahrrad-Fieber gepackt hat, den lässt es so schnell nicht mehr los. Ob auf dem robusten Mountainbike, dem praktischen E-Bike, dem schnittigen Rennrad oder dem gemütlichen alten Drahtesel, Fahrradfahren ist eine ganz besondere Art, mobil zu sein. Umweltfreundlich, sportlich, gesundheitsfördernd, entspannend und praktisch zugleich. Aber vor allem ist Fahrradfahren das, was dir selbst am Herzen liegt und was du daraus machst.

Bildnachweis: Cover: stock.adobe.com/Jürgen Fälchle; TeraVector/Shutterstock.com; Piktogramme: 3D Vector/Shutterstock.com; IhorZigor/Shutterstock.com; S. 3: Jemastock/Shutterstock.com; S. 4: KEHAN CHEN/Moment/Getty Images; S. 6: Lana_Samcorp/Shutterstock.com; S. 7: kovop58/Shutterstock.com; S. 8: Irina Budanova/Shutterstock.com; S. 9: cosmaa/Shutterstock.com; S. 11: Rafal Olkis/Shutterstock.com; S. 12, S. 19, S. 49, S. 50: Guaxinim/Shutterstock.com; S. 13: Rawpixel/Shutterstock.com; S. 14: Vikky Mir/Shutterstock.com; S. 15: Andrekart Photography/Shutterstock.com; S. 17: miakievy/DigitalVision Vectors/Getty Images; S. 18: Martin M303/Shutterstock.com; S. 21: AtSkwongPhoto/Shutterstock.com; S. 22: Microgen/Shutterstock.com; S. 23: Shtonado/Shutterstock.com; S. 24, S. 29, S. 83, S. 93: Olga W Boeva/Shutterstock.com; S. 25: Miguel Dovale/Shutterstock.com; S. 26, S. 43, S. 65: GoodStudio/Shutterstock.com; S. 27: simona pilolla 2/Shutterstock.com; S. 28: LIOX/Shutterstock.com; S. 30: lechatnoir/E+/Getty Images; S. 33: Flat vectors/Shutterstock.com; S. 34: zhuk _ ladybug/Shutterstock.com; S. 36: eclipse_images/E+/Getty Images; S. 37: hand draw/Shutterstock.com; S. 38 Luna Vandoorne/Shutterstock.com; S. 39: Malte Mueller/Getty Images; S. 40: Macrovector/Shutterstock.com; S. 42: stock.adobe.com/Brilliant Eye; S. 44: maxbelchenko/Shutterstock.com; S. 45:N. Savranska/Shutterstock.com; S. 46: PamelaJoeMcFarlane/E+/Getty Images; S. 47: ClassicVector/Shutterstock.com; S. 48: Zivica Kerkez/Shutterstock.com; S. 51: Ivan Fedina/Shutterstock.com; S. 52: dolomite-summits/Shutterstock.com; S. 53: Macrovector/Shutterstock.com; S. 54: WineDonuts/Shutterstock.com; S. 55: jamongcreator/Shutterstock.com; S. 56: Progressfoto/Shutterstock.com; S. 57: Lana_Samcorp/Shutterstock.com; S. 58: Aleutie/Shutterstock.com; S. 59: Wirestock Creators/Shutterstock.com; S. 60: Mariia Boiko/Shutterstock.com; S. 61: foxfinitive/Shutterstock.com; S. 62: Ico Maker/Shutterstock.com; S. 63: Jack Frog/Shutterstock.com; S. 64: peeterv/E+/Getty Images; S. 67: Shadows Zero/Shutterstock.com; S. 68: Alena Nv/Shutterstock.com; S. 69: Monkey Business Images/Shutterstock.com; S. 71: Dom Marine/Shutterstock.com; S. 72: Tatyana Karelina/Shutterstock.com; S. 73: FatCamera/E+/Getty Images; S. 74: Bohdana Seheda/Shutterstock.com; S. 75: Dudarev Mikhail/Shutterstock.com; S. 76: drical/Shutterstock.com; S. 77: Soloviova Liudmyla/Shutterstock.com; S. 78: Umomos/Shutterstock.com; S. 79: Emiko Aumann/Imagezoo/Getty Images; S. 80: FoxyImage/Shutterstock.com; S. 82: Mikel Taboada/Shutterstock.com; S. 84: Mary Long/Shutterstock.com; S. 85: stock.adobe.com/Maksym Protsenko; S. 87: Arnon.PT/Shutterstock.com; S. 89: galacticus/Shutterstock.com; S. 90: PCH.Vector/Shutterstock.com; S. 91: Kristina Kokhanova/Shutterstock.com; S. 94: paul mansfield photography/Moment/Getty Images.

Text: Tina Herold

Layout: Barbara Fuchs

Satz: Peter Ball, Media Diversified GmbH

Gesamtherstellung: AZ Druck und Datentechnik GmbH, Kempten

Aus Verantwortung für die Umwelt hat sich die Verlagsgruppe Droemer Knaur zu einer nachhaltigen Buchproduktion verpflichtet. Der bewusste Umgang mit unseren Ressourcen, der Schutz unseres Klimas und der Natur gehören zu unseren obersten Unternehmenszielen. Gemeinsam mit unseren Partnern und Lieferanten setzen wir uns für eine klimaneutrale Buchproduktion ein, die den Erwerb von Klimazertifikaten zur Kompensation des CO₂-Ausstoßes einschließt. Weitere Informationen finden Sie unter: www.klimaneutralerverlag.de

100 Gründe, warum Fahrradfahrer glücklicher sind
GTIN 978-3-8485-0116-8
© 2022 Groh Verlag. Ein Imprint der Verlagsgruppe
Droemer Knaur GmbH & Co. KG, München
www.geschenkverlage.de